MICHAEL WALCH
MANDALA ATMOSPHERE
MALBUCH /// COLORING BOOK

MICHAEL WALCH
MANDALA ATMOSPHERE
MALBUCH /// COLORING BOOK

BIBLIOGRAFISCHE INFORMATION DER DEUTSCHEN NATIONALBIBLIOTHEK:
DIE DEUTSCHE NATIONALBIBLIOTHEK VERZEICHNET DIESE PUBLIKATION IN DER DEUTSCHEN NATIONALBIBLIOGRAFIE; DETAILLIERTE BIBLIOGRAFISCHE DATEN SIND IM INTERNET ÜBER HTTP://DNB.DNB.DE ABRUFBAR.

© 2016 MICHAEL WALCH
HERSTELLUNG UND VERLAG:
BOD – BOOKS ON DEMAND, NORDERSTEDT

ISBN: 978-3-7431-0135-7